L'ARTILLERIE DE CAMPAGNE

FRANÇAISE

PARIS

CH. TANERA, ÉDITEUR

LIBRAIRIE POUR L'ART MILITAIRE, LES SCIENCES ET LES ARTS

Rue de Savoie, 6

1868

L'ARTILLERIE DE CAMPAGNE

FRANÇAISE

PARIS

CH. TANERA, ÉDITEUR

LIBRAIRIE POUR L'ART MILITAIRE, LES SCIENCES ET LES ARTS

Rue de Savoie, 6

—

1868

Toutes les grandes puissances ont, depuis une dizaine d'années, modifié leur artillerie de campagne. Notre système a fait ses preuves en Italie, en Chine, au Mexique. Les Anglais, les Prussiens, les Autrichiens, les Américains, ont aussi des systèmes nouveaux auxquels n'a pas manqué l'expérience du champ de bataille. Le canon rayé a aujourd'hui son histoire, et nous croyons qu'on possède à peu près assez de documents pour se faire une opinion sur la valeur de l'artillerie nouvelle.

Étudier l'artillerie de campagne française pour

la comparer à ce que nous avions auparavant, et autant que possible à ce qu'ont maintenant les étrangers, tel est le but que nous nous sommes proposé.

Janvier 1868.

I

LE CANON DE BATAILLE

———

Depuis 1853, le canon-obusier de 12 avait remplacé dans les batteries divisionnaires le canon de 8 et l'obusier de 15ᶜ. On avait conservé, comme pièces de réserve, le canon de 12 et l'obusier de 16ᶜ. En 1858, le canon rayé de 4 a été substitué au canon-obusier, et bientôt après le canon rayé de 12 au canon de 12 et à l'obusier de 16ᶜ.

Nous avons donc deux pièces de campagne : 1° le canon de 12 rayé ; 2° le canon de 4 rayé, qui est notre pièce de batterie divisionnaire, et dont nous parlerons plus particulièrement. Nous ne nous occuperons pas de l'artillerie de montagne, qui a ordinairement un rôle spécial.

Un canon de bataille est fait pour tirer contre des troupes : son projectile doit tuer ou effrayer les hommes et les chevaux, et briser les affûts et les voitures de l'artillerie ; parfois aussi il doit faire des trouées dans des murs ou des retranchements passagers.

Effets des projectiles. — Nos canons rayés lancent des obus, des obus à balles ou shrapnels, et des boîtes à mitraille.

L'obus agit par le choc, à la manière de l'ancien boulet plein. L'effet produit dépend de la masse et de la vitesse. L'obus de 4 chargé pèse 4^k, et sa vitesse initiale est, d'après l'*Aide-mémoire de campagne* (1), 325^m. Le boulet de 12 pesait 6^k, et était lancé par le canon-obusier avec une vitesse de 454^m. Il semble donc, au premier abord, que ce dernier ait une supériorité très-marquée ; mais il faut remarquer que le projectile oblong conserve bien mieux sa vitesse. Ainsi, les vitesses restantes à 500^m sont 291^m pour le boulet de 12 et 284^m pour l'obus de 4 ; à 1000^m elles sont 201^m pour le premier ; 249^m pour le second ; enfin, à la distance de 1800^m, qui dépasse, il est vrai, beaucoup la limite jusqu'à laquelle on utilisait le tir du canon-obusier, la vitesse du boulet de 12 est 120^m, celle de l'obus de 4 est 205^m.

Si on ne considère que l'effet du projectile contre des objets animés, il est peu important, dans certaines limites, de tenir compte de la masse et de la vitesse à l'arrivée.

(1) Il paraît, d'après des expériences récentes, que ce nombre est inexact, et que la vitesse initiale de l'obus de 4 est 335 ou 340^m. Les vitesses restantes de ce projectile, que nous avons prises dans l'*Aide-mémoire de campagne*, sont donc sans doute un peu trop faibles.

D'après le général Piobert (1), « des boulets de petit ca-
« libre ont encore assez d'effet à la distance de 600ᵐ pour
« renverser 20 à 24 hommes, ou 10 à 12 chevaux; et un
« projectile ne peut utiliser de cette manière qu'une faible
« partie de son action, puisqu'on évite de laisser les
« troupes en colonne lorsqu'elles sont exposées au feu de
« l'artillerie. »

Mais il faut en tenir compte, si l'on doit tirer contre
des retranchements. Dans des expériences on a tiré à 400ᵐ
contre un massif de bois de chêne épais de 1ᵐ05; la péné-
tration moyenne de l'obus de 4 a été 0ᵐ82; celle du boulet de 12, lancé par le canon-obusier, 0ᵐ57. Le boulet
de 12, lancé par l'ancien canon de 12, avec une charge
de 2ᵏ (vitesse initiale 490ᵐ), pénétrait, à 400ᵐ, de 0ᵐ81
dans le bois de chêne.

L'obus de nos canons rayés agit aussi par son éclatement comme les anciens obus sphériques. L'obus de 4
(poids, vide, 3ᵏ670 ; charge intérieure, 0ᵏ200) donne
à peu près les mêmes résultats que l'obus de 12ᶜ qui a
même charge intérieure, et qui pèse, vide, 3ᵏ9. Tous
deux, dans les expériences de la Fère, ont fourni 13
gros éclats, pesant en moyenne 0ᵏ230, sans compter les
petits.

On voit donc que l'obus de 4 produit, à son arrivée au
but, des effets qui ne sont pas, en général, inférieurs à
ceux du boulet de 12 et de l'obus de 12ᶜ.

Pour nous faire une idée de l'effet que doivent produire les balles des boîtes à mitraille actuelles, nous
avons réuni les données relatives aux boîtes lancées par

____

(1) *Traité d'artillerie.* Partie élémentaire et pratique, 1845, p. 189.

différentes pièces qui ont été successivement en usage dans notre artillerie.

	NOMBRE DES BALLES.	POIDS de chaque BALLE.	POIDS de LA BOITE.	CHARGE.
Canon de 12.........	41 en fonte.	0^k 200	10^k 200	1^k 958
Canon de 8....	41 id.	0 135	6 410	1 225
Canon-obusier de 12.	34 id.	0 200	8 430	1 000
Canon de 4 rayé	41 en fer forgé.	0 070	4 725	0 550
Canon de 12 rayé....	98 id.	0 070	11 220	1 000

Le rapport du poids de la charge au poids de la boîte est :

$\frac{1}{8,5}$ environ pour le canon rayé de 4 et pour le canon-obusier ;

$\frac{1}{5,2}$ pour l'ancien canon de 12 et pour le canon de 8.

Les balles de la boîte de 4 ont, quant à la masse, une infériorité marquée, si on les compare à celles des boîtes des canons lisses. Les vitesses avec lesquelles elles frappent le but doivent aussi être notablement moindres que celles des balles lancées par les anciens canons de 12 et de 8, bien qu'on les ait faites en fer forgé, un peu plus dense que la fonte, afin que la vitesse se conserve mieux. Aussi, à 600^m, sur 6 ou 7 balles qui atteignent des panneaux ayant 0^{m}015 à 0^{m}020 d'épaisseur, il y en a à peine une, en moyenne, qui traverse ; les autres ne font que des empreintes.

L'obus à balles de 4 contient environ 80 balles sphériques en plomb, pesant chacune 19^{gr}. Il pèse, chargé, $4^k 523$. L'obus à balles de 12e contenait 80 balles sphériques en plomb, pesant chacune 27^{gr}. L'obus, chargé et ensaboté, pesait $5^k 600$.

Le shrapnel de 4, dont les balles ont moins de masse, produit, jusqu'à 800^m environ, des effets moins considérables que celui de 12e. Aux distances plus grandes, ses effets deviennent supérieurs, à cause de la manière dont il conserve sa vitesse.

Justesse du tir de plein fouet. — Il ne suffit pas que le projectile soit capable de produire des effets convenables lorsqu'il touche le but; il faut encore qu'il le touche. Nous allons comparer le canon actuel à ceux qui l'ont précédé, au point de vue de la justesse du tir de plein fouet.

Si l'on tirait deux coups avec la même pièce, et que toutes les circonstances fussent identiques, il est évident, d'après l'idée de *loi*, que le projectile irait à chaque coup tomber au même point en suivant le même trajet.

Mais les circonstances du phénomène varient d'un coup à l'autre. La position de la pièce n'est pas la même quant à la direction de l'axe et à son inclinaison; l'âme est plus ou moins échauffée; la charge, même confectionnée avec soin et bien conservée, n'a pas exactement le même poids ni le même état; les projectiles n'ont pas tous les mêmes dimensions et le même poids, la matière n'est pas dans tous répartie de la même façon; le projectile n'est pas placé à chaque coup dans la même position; si la pièce se charge par la bouche, le vent varie d'un coup au suivant.....

Aussi, quand on tire deux coups en se plaçant autant que possible dans les mêmes conditions, les deux projectiles ne tombent pas au même point.

Si on considère deux pièces qui diffèrent entre elles soit par le calibre, soit par la forme, soit parce que l'une est lisse et l'autre rayée, soit par le système de chargement....., on conçoit que les circonstances ne varient pas de la même manière, et que l'influence des variations soit différente. Tirons donc ces deux pièces sous un angle et avec une charge tels que les deux projectiles aillent moyennement à une certaine distance; à chaque coup, pour l'une comme pour l'autre, nous trouverons des écarts; mais il y a une des deux pièces pour laquelle les trajectoires des différents coups s'écarteront moins les unes des autres : c'est celle qui a le tir le plus *juste*.

Pour comparer la justesse du tir de deux pièces à une certaine distance, on mesure les écarts horizontaux et verticaux, par rapport au point d'impact moyen, sur une cible verticale supposée assez étendue pour que tous les coups l'atteignent. Au moyen des formules données par le général Didion (1), on peut déduire de là une mesure mathématique de la justesse.

Nous nous contenterons de réunir en un même tableau les écarts moyens, c'est-à-dire les moyennes arithmétiques des écarts par rapport au point d'impact moyen, pour le canon de 12, le canon-obusier et le canon rayé de 4.

---

(1) *Calcul des probabilités appliqué au tir des projectiles*, 1858, p. 56.

PORTÉE.	CANON DE 12 Tir à boulet — Charge $1^k 938$		CANON-OBUSIER DE 12 Tir à boulet — Charge $1^k 400$		CANON RAYÉ DE 4 Tir à obus — Charge $0^k 550$	
	ÉCART MOYEN		ÉCART MOYEN		ÉCART MOYEN	
	latéral.	vertical.	latéral.	vertical.	latéral.	vertical.
400^m	$0^m 90$	. ..	$1^m 50$	$0^m 45$	$0^m 35$	$0^m 17$
800	3 20	. ..	3 00	1 98	0 80	0 94
1200	7 00	. ..	7 00	4 78	1 40	2 00
1500	. ..	. ..	12 00	8 05	1 90	3 10

On sent assez la difficulté expérimentale de déterminer ces nombres; il ne faudrait pas croire qu'en tirant par exemple une dizaine de coups avec le plus grand soin, on retomberait dessus. Obtenus d'ailleurs, à ce que nous croyons, dans des tirs d'expérience, avec des pièces neuves, il faut les considérer comme des minima, qui permettent de se rendre compte de ce qu'on peut, dans les meilleures conditions, obtenir d'une bouche à feu.

Cette remarque a son importance pratique. D'après le tableau, le canon de 4 a, pour toute distance, une très-grande supériorité de justesse sur les canons lisses; et cependant il n'est pas rare d'entendre dire dans les polygones : « Nous faisions plus de blancs autrefois avec le canon-obusier. » Je crois en effet qu'aux petites distances, jusqu'à 800^m, si on n'en faisait pas plus, on n'en faisait pas beaucoup moins. Cela tient à ce que les conditions nécessaires pour que le canon ait toute sa justesse ne sont pas habituellement remplies dans un tir d'école. Les pièces sont souvent vieilles; fussent-elles en parfait état, les canonniers n'en obtiennent pas les meilleurs résultats possibles. L'écart qui se produit à chaque coup se compose de deux parts : l'une qui tient à l'instrument même, l'autre à la manière dont on s'en sert, surtout à la manière dont sont faits le chargement et le pointage. Cette dernière part est plus grande quand l'instrument est abandonné à des canonniers que lorsqu'il est confié à des expérimentateurs soigneux. On conçoit donc que le rapport entre les justesses de deux pièces, si on le déduisait du tir des écoles, ne serait pas le même que celui qu'on déduit d'un tir d'expérience.

Si la supériorité de justesse du canon rayé aux petites portées a passé un peu inaperçue, une chose du moins qui a frappé tout le monde, c'est la supériorité du tir de ce canon aux grandes portées. On ne tirait les canons lisses que jusqu'à 1200^m, et à cette distance les écarts étaient considérables; on a pu utiliser le tir des nouvelles pièces jusqu'à des distances bien plus grandes.

Les tirs d'expérience donnent une idée de la justesse qu'on peut obtenir d'une pièce en prenant tous les soins possibles. Il faut encore que le service de cette pièce soit organisé de telle sorte que les canonniers, qui ne prendront certainement pas tous ces soins et qui feront des erreurs s'il n'est pas très-difficile d'en faire, puissent en tirer un bon parti.

Par exemple, les moyens de pointage employés pour le tir de plein fouet sont généralement tous assez exacts pour qui s'en sert bien. Pour les hommes, il faut que le moyen de pointage soit non-seulement exact, mais rapide et d'un usage commode.

Il faut reconnaître que la dérivation est venue compliquer la chose d'une manière malheureuse. Mais au moins notre hausse inclinée est plus simple qu'une hausse à double mouvement, telle qu'est par exemple la hausse du canon de 24 rayé de place. On peut dire que le pointage par la hausse latérale, adopté pour nos canons rayés, a eu l'avantage d'amener la suppression des hausses négatives; ceci a peu d'importance pour les pièces de campagne.

Dans un tir d'école, la distance est exactement connue. La probabilité d'atteindre à cette distance un but d'une certaine étendue dépend de la justesse du tir de la pièce à cette distance, et de la manière dont on *règle* le tir. La table de tir de la pièce fait bien en effet connaître la trajectoire moyenne qui correspond aux circonstances moyennes pour lesquelles cette table est faite. Mais la trajectoire moyenne qui correspond aux circonstances actuelles peut différer de celle-ci : la pièce est vieille, la poudre n'est pas la même, l'état de l'atmosphère n'est pas le même non plus..... C'est cette trajectoire moyenne du moment qu'il faut diriger vers le but, ce qui s'appelle *régler* le tir.

Il n'existe pas à proprement parler de méthode pour cela. On procède par tâtonnement, d'après l'observation des coups. Il faut tâcher de bien voir, et ne pas se presser, comme le prouve l'exemple suivant, emprunté à l'excellente *Théorie du pointage*, par M. Page.

« Dans les expériences faites en 1843 pour comparer
« différents modes de pointage, une pièce de 24 était pla-
« cée à 300ᵐ du but; on avait donné la hausse négative
« que l'on jugeait convenable pour cette distance; le
« boulet frappa trop haut; on augmenta la hausse néga-
« tive; le coup fut encore plus haut; à la quatrième salve
« seulement, on reconnut que le boulet ricochait en avant

« du but, et en suivant la ligne de tir, on trouva en effet
« les traces des trois premiers coups. »

Sur un champ de bataille, il y a une cause bien plus
importante que celles dont nous avons parlé (erreurs de
pointage, variations du chargement), qui fait que le projectile tombe en deçà du but ou passe par dessus : c'est
l'erreur dans l'évaluation de la distance.

La chance d'atteindre dépend de l'approximation avec
laquelle on évalue la distance, et de l'influence qu'a sur
le tir une certaine erreur dans cette évaluation.

On évalue les distances d'autant mieux qu'elles sont
plus faibles. D'un autre côté, l'influence d'une certaine
erreur dans cette évaluation est d'autant plus forte que
l'angle de chute est plus grand.

En effet, supposons qu'on tire sur des hommes, c'est-
à-dire sur un but ayant environ $1^m 80$ de hauteur, et une
profondeur très-petite si les hommes sont en bataille.
Nous appellerons *longueur battue* la longueur, mesurée
suivant le plan de tir, sur laquelle la partie descendante
de la trajectoire est élevée de moins de $1^m 80$ au-dessus
de la ligne de mire. Pour un canon rayé de 4 tirant à
600^m, cette longueur est près de 60^m ; une erreur d'une
trentaine de mètres en plus ou en moins sur l'évaluation
de la distance n'empêchera pas d'atteindre le but, si on a
visé le milieu de ce but, et si on obtient la portée moyenne
correspondant à l'angle de tir employé.

Or, la longueur battue est plus petite lorsque l'angle de
chute est plus grand, et, pour une même pièce, l'angle de
chute est plus grand si la portée est plus grande.

On voit donc que, lorsqu'on tire très-loin, on risque fort
de ne pas toucher, d'autant plus qu'il est encore moins

facile sur un champ de bataille que dans un polygone d'observer la chute des projectiles.

On voit aussi que, si deux pièces différentes tirent à la même distance, et si on suppose pour un moment qu'elles aient une justesse parfaite, une même erreur dans l'évaluation de la distance sera plus grave pour la pièce qui donne la moindre longueur battue.

C'est ici que nous rencontrons ce reproche tant de fois fait à nos canons rayés, du peu de tension de la trajectoire.

Les militaires qui regrettent que la trajectoire de nos canons de campagne ne soit pas plus tendue ont certainement raison ; et le général Le Bœuf, dans sa lettre au ministre, placée en tête du dernier numéro du *Mémorial*, signale, parmi les problèmes dont la solution importe le plus à l'arme, celui-ci : « Augmenter la tension de la trajectoire sans sacrifier la justesse. »

Mais quelques-uns disent que la trajectoire de notre canon de bataille, le canon de 4, est moins tendue que celle du canon-obusier, qui l'a précédé. Essayons de nous entendre sur ce mot : la *tension* de la trajectoire.

Quand on tire le canon de 4 à 700^m, l'angle de tir est 1° 50′, et la trajectoire, à son point culminant, passe à 6^m 3 au-dessus de la ligne de mire. Pour le canon-obusier, à la même distance, l'angle est seulement 1° 36′, et la flèche maxima de la trajectoire est aussi un peu moindre que pour le canon de 4. Dirons-nous donc qu'à 700^m la trajectoire du canon-obusier est plus tendue que celle du canon de 4 ?

Non ; ce n'est ni l'angle de tir, ni la flèche maxima qu'il importe de considérer, mais bien l'angle de chute, puisque de l'angle de chute dépend la longueur battue, c'est-à-dire la longueur utile de la trajectoire avant le premier point de chute.

Or, en calculant l'angle de chute à 700^m pour le canon-obusier, nous trouvons 2° 25′; l'*Aide-mémoire de campagne* donne 2° 20′ pour le canon de 4.

Il est vrai qu'on reprochait déjà au canon-obusier, au moment de l'adoption, le peu de tension de sa trajectoire comparée à celle du canon de 12. Le tableau suivant nous permettra de comparer le canon de 4 aux différents canons qui l'ont précédé (1).

		PORTÉE.	ANGLE DE TIR.		ANGLE DE CHUTE.		LONGUEUR BATTUE. — H^r du but 1^m 80.		FLÈCHE MAXIMA.	
Canon de 12. .... Tir à boulet.	Charge 1^k 958	600^m	1° 07′		1° 30′		79^m 2		3^m 6	
		1000	2	16	3	20	31	9	12	3
	Charge 2^k 000	1500	4	29	8	02	12	7	40	1
		2000	7	44	14	23	7	0	99	4
Canon-obusier de 12. Tir à boulet......	Charge 1^k 400	600^m	1° 16′		1° 52′		61^m 5		.. .	
		1000	2	46	4	12	25	2	15^m 8	
		1200	3	39	5	26	19	3	25	2
Canon rayé de 4... Tir à obus....... .	Charge 0^k 550	600^m	1° 30′		1° 55′		59^m 7		4^m 3	
		1000	2	50	3	55	27	0	15	
		1500	5	05	7	25	13	9	41	
		2000	7	45	11	15	9	0	86	

(1) Voir la note, p. 51.

Le canon de 4, dont le projectile conserve mieux sa vitesse, devient supérieur, sous le rapport de la longueur battue, au canon-obusier à partir de 600^m, mais seulement à partir de 1200^m à l'ancien canon de 12. L'infériorité qu'il a, relativement à ce dernier, aux petites distances, est sans doute compensée en partie parce que les écarts en portée sont moindres.

Il nous a semblé utile d'entrer à ce sujet dans quelques détails. On a trop souvent oublié, en critiquant nos canons rayés, que, si aux grandes distances la longueur battue est très-petite, elle serait encore moindre pour les anciens canons lisses, et que ceux-ci donnent, à ces distances, des écarts si grands, qu'on ne pouvait pas utiliser leur tir.

Portées totales. Tir en ricochant. — Jusqu'à présent, nous avons, comme on fait dans les études sur la justesse du tir, considéré le projectile à son point de chute ou dans la partie de la trajectoire voisine de ce point. Souvent le projectile ne reste pas là où il est tombé ; il se relève et fait plusieurs bonds qui peuvent le porter jusqu'à une très-grande distance ; cette distance est appelée *portée totale*. En ricochant ainsi, il peut produire des effets meurtriers en des points différents du premier point de chute, et à des distances plus grandes que la distance de ce point à la pièce, laquelle est, à proprement parler, la *portée*. Par exemple, le boulet de 12, tiré de plein fouet par le canon-obusier sous l'angle 1° 16′, a une portée de 600^m ; et, sur un bon terrain de polygone, la portée totale dépasse parfois 2000^m.

La manière dont le projectile ricoche dépend de l'angle

de chute; elle varie beaucoup avec la forme et la nature du terrain. Scharnhorst (1), qui cite des observations faites sur la chute et le relèvement des boulets au premier point de chute, dit : « Ces observations n'ont fourni « aucun résultat certain... Quelquefois l'angle de relè- « vement n'est pas plus grand que l'angle de tir, mais le « plus souvent il est double ou triple. »

Sur un terrain uni et ferme, l'obus de 4 tiré de plein fouet ricoche tant que l'angle de chute est inférieur à 16°, ce qui correspond à une portée de 2300 à 2400^m. Au delà, il n'y a plus qu'un point de chute : ceci rend la chance d'atteindre très-petite. Faisons attention que le terrain accidenté d'un champ de bataille est moins favorable aux ricochets que celui d'un polygone; tenons compte de la difficulté de voir nettement aussi loin et d'apprécier la distance, et de l'exiguïté de la longueur battue, nous arriverons à penser que dans une bataille, contre des buts mobiles, la limite des bonnes portées est à peu près 2000^m.

On emploie quelquefois à la guerre un genre de tir qui s'exécute à la charge ordinaire de plein fouet, et qui est fondé sur l'efficacité des ricochets. Decker (2) l'appelle *tir à ricochet à charge pleine;* on l'a appelé aussi *tir roulant.* L'*Aide-mémoire de campagne*, qui le désigne sous le nom de *tir en ricochant*, dit (p. 173) :

« Lorsque le terrain est uni, sec et résistant, on « obtient, en dirigeant l'axe de la pièce parallèlement au

(1) *Manuel des officiers*. trad. de l'allemand par M. de Fourcy. — Extrait inséré au n° 2 du *Mémorial de l'artillerie*, 1828.

(2) *Traité d'artillerie*, p. 201.

« sol, un tir rasant qui peut, dans certains cas, avoir des
« effets redoutables. » Mais il ajoute qu'à cause des écla-
tements prématurés, et à cause des ratés de fusées qui
se produisent très-nombreux si par exemple le sol est
détrempé par la pluie, nos obus oblongs ne doivent être
tirés ainsi « que dans des circonstances tout à fait excep-
« tionnelles. »

L'*Aide-mémoire* de 1856, parlant des canons lisses,
recommandait un usage bien plus général de ce tir
(p. 566) : « Sur le champ de bataille, les distances ne
« pouvant être connues avec exactitude, il est difficile de
« déterminer les hausses convenables pour atteindre l'en-
« nemi de plein fouet. Il est donc avantageux, en général,
« lorsque le terrain n'est pas très-accidenté, d'employer
« un tir rasant, quelle que soit la distance de l'ennemi. —
« Pointer directement, mais un peu bas, jusqu'à 800^m.
« Au delà, tirer à ricochet sous l'angle de 1°; sur les ter-
« rains les plus favorables, les projectiles vont ainsi jus-
« qu'à 1600 ou 1700^m. » Le général Piobert (1), parlant
exactement des mêmes conditions où se place l'*Aide-
mémoire*, ajoute, sans que nous sachions au juste sur
quoi est fondée son opinion : « Les projectiles ne s'élèvent
« généralement pas plus que la hauteur d'un homme au-
« dessus du sol. »

On conçoit combien il est difficile de faire, au point de
vue de l'efficacité des ricochets, une comparaison sérieuse
et impartiale entre les canons lisses et les canons rayés.
Nous lisons, dans un article sur le canon rayé néerlan-
dais, inséré au tome III de la *Revue de technologie :*

---

(1) *Traité d'artillerie.* Partie élémentaire et pratique, p. 444.

« Comme les portées du tir roulant sont plus grandes et
« les ricochets plus rasants avec les canons rayés qu'avec
« les canons lisses, les premiers offrent sous ce rapport
« un très-grand avantage. » Les portées totales sont en
effet plus grandes; par exemple, l'obus de 4, tiré sous
l'angle 0°, touche terre entre 200 et 300^m, et sur un bon
terrain la portée totale est environ 2500^m. Mais d'abord,
les obus, à cause de l'éclatement, conviennent moins
pour les ricochets que les boulets pleins. Ensuite, il est
probable qu'à cause de leur forme et de leurs déviations
après qu'ils ont touché le sol, les projectiles oblongs
ont un certain désavantage. Sans avoir recueilli d'observations bien positives, nous pouvons dire que c'est là
l'idée de beaucoup de gens qui ont vu tirer dans nos
polygones les deux espèces de projectiles. A l'époque
où l'on commençait à servir les canons rayés dans les
écoles, un vieil artilleur disait, avec une expression de
regret, en nous montrant les boulets sphériques qu'on
allait délaisser : « Ces boules-là en roulant abattaient des
quilles. »

Tir à mitraille. — Les effets du tir à mitraille varient énormément avec la forme et la nature du terrain,
suivant qu'il se prête plus ou moins bien au ricochet des
balles. Sur un même terrain, ce tir présente d'un coup à
l'autre d'assez grandes différences. Sans songer à établir
une comparaison précise, on peut admettre que les balles
lancées par nos canons rayés doivent être efficaces à de
moindres distances que celles lancées par nos anciens
canons lisses, parce qu'elles ont moins de masse et aussi
moins de vitesse : et dans ce tir les canons rayés, se com-

portant à la manière des canons lisses, n'ont aucun avantage particulier.

Cette infériorité semble ressortir des deux passages suivants :

Aide-mémoire, 1856, p. 566. « Tirer à balles toutes « les fois que l'ennemi est à distance convenable, c'est-à-« dire, au maximum, à 800ᵐ pour le canon de 12, à 700ᵐ « pour le canon-obusier de 12 et l'obusier de 16ᵉ. »

Aide-mémoire de campagne, 1864, p. 174. « Avec « le canon de 12 et de 4 rayés de campagne, le tir à mi-« traille peut être étendu jusqu'à 600ᵐ, mais il ne con-« serve d'efficacité que jusqu'à 500ᵐ. »

Tir à obus à balles. — Dans un tir comparatif entre le canon de 4 et le canon-obusier, les deux pièces ont donné jusqu'à 800ᵐ des effets semblables ; à partir de là, les effets de l'obus à balles de 4 ont été notablement supérieurs : on a pu, avec les nouvelles pièces, étendre ce tir à des portées auxquelles il eût été complétement inefficace avec les anciennes.

Canons rayés de campagne étrangers. — Canons anglais, système Armstrong. — L'Angleterre, depuis dix ans, a beaucoup dépensé pour son artillerie. Elle a adopté des canons rayés de campagne, système Armstrong, se chargeant par la culasse. Ces canons sont formés d'un cylindre en acier fondu, enveloppé de manchons qu'on forme en enroulant à chaud des barres en étoffe de fer et d'acier.

Le canon Armstrong a paru en Chine à côté de notre

canon de 4. Il y a eu dans cette campagne plusieurs accidents, provenant du chargement par la culasse. Le système a été modifié depuis, et les Anglais assurent que des accidents semblables ne sont plus possibles.

Ils ont deux canons de campagne, le canon de 12 pour les batteries montées, et celui de 9 pour les batteries à cheval. Le diamètre de l'âme est le même pour les deux pièces. Le canon de 9 pèse environ 100^k de moins que l'autre, et son projectile est aussi plus léger. Voici les renseignements relatifs au canon de 12 :

Diamètre de l'âme, 76^{mm}5 —16 rayures, tournant de gauche à droite; pas constant égal à 35 calibres — poids du canon, 407^k.

Poids de l'obus ordinaire chargé, 5^{k}249 — charge pour le tir de plein fouet de cet obus, 0^{k}680. — Le projectile est entouré d'une enveloppe en alliage de plomb et d'étain ; il prend les rayures par le forcement.

Outre l'obus ordinaire, ce canon lance un obus à segments, destiné à remplacer l'obus à balles, et qui entre dans l'approvisionnement des pièces pour une bien plus grande part que l'obus à balles dans celui des nôtres. Peut-être même l'obus à segments est-il aujourd'hui le seul projectile de l'artillerie de campagne anglaise. Mais les renseignements que nous avons pu avoir, et qui datent de 1864, ne concernent que le tir de l'obus ordinaire. La deuxième colonne du tableau donne les angles de tir diminués de celui qui correspond à la portée de but en blanc, 302^m.

PORTÉE.	ANGLE.	ANGLE DE CHUTE.	LONGUEUR BATTUE. — H^r du but 1^m 80	FLÈCHE MAXIMA.	DURÉE DU TRAJET.
600^m	0° 54′	1° 48′	64^m 1	.. .	. ..
1000	2 06	3 00	35 7	12^m 9	3^{sec} 30
1500	3 38	4 44	22 1	29 9	4 98
2000	5 16	6 38	15 6	55 3	6 76
2500	7 00	8 54	11 5	90 7	8 70
3000	8 54	11 50	8 6	138 3	10 77

La vitesse initiale est 360^m. Nous ne connaissons ni les dérivations ni les écarts.

La trajectoire est bien plus tendue que celle de nos canons rayés. Il paraît aussi que, dans le tir de l'obus à segments, les segments qui atteignent le but produisent plus d'effet que les petites balles en plomb de nos obus à balles.

Canons autrichiens. — Les Autrichiens ont commencé par essayer, aussitôt après la campagne d'Italie, un canon semblable au canon de 4 français ; plus tard, ils ont eu des canons rayés système Lenk, où l'on devait employer habituellement le pyroxyle au lieu de poudre ; enfin, en 1863, ils ont adopté un nouveau système d'artillerie de campagne, et sont revenus à l'emploi de la poudre ordinaire.

Ce système comprend 2 pièces, le canon de 8 et le canon de 4, en bronze, se chargeant par la bouche, comme celles du système Lenk. Nous donnons seulement ce qui se rapporte au canon de 4 (1).

Diamètre de l'âme, $0^m 0811$ — 6 rayures, tournant de gauche à droite; pas constant, $1^m 70$, inclinaison, $8° 30'$ — poids du canon, 263^k.

Poids de l'obus ordinaire chargé, $3^k 620$. — Charge pour le tir de plein fouet de cet obus, $0^k 525$. — Les renseignements relatifs à ce tir sont réunis dans le tableau suivant; la vitesse initiale est 333^m.

PORTÉE.	DÉRIVATION.	ANGLE DE TIR.		ANGLE DE CHUTE.		LONGUEUR BATTUE. — Hr du but $1^m 80$.		FLÈCHE MAXIMA.		DURÉE du TRAJET		ÉCART MOYEN latéral.		vertical.	
600^m	. .	$1°$	$18'$	$2°$	$01'$	56^m	4	..	.	.	.	0^m	9	0^m	6
1000	$3^m 1$	2	50	4	03	26	1	16^m 3		3^{sec}	6	1	3	1	1
1500	9 2	5	08	7	21	14	1	43	0	5	9	1	7	2	2
2000	27	7	52	11	45	8	7	88	2	8	4	2	2	4	0
2500	53	11	10	..	..	.	.	..	.	11	2	3	0	.	.

Le tir de ce canon a une grande analogie avec celui de notre canon de 4, comme on le voit en comparant ce tableau à ceux de l'*Aide-mémoire de campagne*. La légèreté du canon autrichien est remarquable : sa longueur d'âme est seulement $1^m 21$, tandis que celle de notre canon de 4 est $1^m 40$.

(1) *Revue de technologie militaire*, t. IV. — Notice sur l'artillerie autrichienne de campagne, modèle 1863, d'après l'ouvrage du capitaine Müller.

Le canon de 4 autrichien lance, outre l'obus ordinaire, un shrapnel qui contient 80 balles en plomb pesant chacune 0ᵏ 0175, et une boîte à mitraille, analogue à la nôtre, qui contient 56 balles en zinc pesant chacune 0ᵏ 0525.

Le poids du canon de 8 est 498ᵏ. Son obus chargé pèse 6ᵏ 58.

Canons prussiens. — Les Prussiens ont, depuis 1864, un canon rayé de 4 de campagne, en acier fondu, se chargeant par la culasse. Ils ont aussi un canon de 6, en acier fondu, se chargeant par la culasse, adopté antérieurement. Au moment de la guerre de 1866, un tiers de leurs batteries de campagne était encore armé de pièces de 12 lisses.

Le major Terssen (*Revue de technologie*, tome V) parle, sans donner de détails, « du déculassement de plusieurs « canons prussiens pendant cette guerre. »

Voici quelques données relatives au canon de 4 (1).

Diamètre de l'âme, 0ᵐ 0784 — 12 rayures tournant de gauche à droite ; pas constant, 3ᵐ 76, inclinaison, 3° 45′ ; la profondeur des rayures est constante ; leur largeur va en diminuant de la culasse à la bouche — poids du canon, 275ᵏ.

Poids de l'obus ordinaire chargé, 4ᵏ 250 ; l'obus est entouré d'un manteau de plomb et prend les rayures par forcement — charge pour le tir de plein fouet de cet obus, 0ᵏ 500.

(1) Roerdansz, capitaine de l'artillerie prussienne — Notice sur la pièce de 4 de campagne rayée prussienne — *Revue de technologie*, 1867.

Le tableau suivant contient ce que nous savons relativement au tir de ce canon. La vitesse initiale est, d'après Roerdansz, peu différente de celle que donnent les canons de 4 français et autrichien ; elle doit être environ 340^m.

PORTÉE.	ANGLE DE TIR.	ANGLE DE CHUTE.	LONGUEUR BATTUE. — Hauteur du but 1^m 80	FLÈCHE MAXIMA.
600^m	1° 18'	1° 36'	73^m 4	. . .
1000	2 29	3 12	33 3	13^m 0
1500	4 15	5 47	18 0	33 3
1800	5 28	7 34	13 6	52 2

Outre les obus ordinaires, ce canon lance des shrapnels. Les boîtes à mitraille sont encore à l'essai, ou bien ont été adoptées récemment.

Roerdansz ne dit rien de bien précis sur la justesse du tir.

Nous avons trouvé, dans l'ouvrage de M. Prehn (1), quelques données relatives au tir du canon de 6.

Le diamètre de l'obus ordinaire est 0^m 0941. Il pèse, chargé, 6^k 900. La charge pour le tir de plein fouet est 0^k 600.

La vitesse initiale est 333^m.

(1) *Ballistik der gezogenen geschütze*, Berlin, 1864.

PORTÉE.	ANGLE DE TIR.	ANGLE DE CHUTE.	LONGUEUR BATTUE. — H^r du but 1^m 80.	DURÉE DU TRAJET.	ÉCART MOYEN vertical.
600^m	1° 38'	1° 44'	67^m 0	. ..	0^m 20
1000	2 51	3 03	35 0	3^{sec} 33	0 45
1500	4 31	5 14	19 9	5 12	0 90
1800	5 37	6 52	.. .	. ..	1 25
2000	6 24	7 57	12 9	. ..	. .
2500	8 32	11 02	9 2	. ..	. ..

L'écart moyen vertical est déduit de courbes contenues dans la notice du capitaine Roerdansz.

Nous ne connaissons pas les dérivations : elles doivent être bien plus faibles que celles de nos projectiles, car M. Prehn dit (p. 12) : « On ne peut réellement rien dire « des déviations latérales, sinon qu'elles ont lieu habi« tuellement vers la droite, qu'elles sont plus considéra« bles pour les grandes portées que pour les petites, et « que dans une même séance de tir elles sont sensible« ment constantes... En réalité, on vient aisément à bout « de ces déviations, la pratique n'éprouve pas le besoin « d'en calculer la valeur, et du reste elles n'ont pas une « importance telle qu'on ne puisse les négliger avec « autant de droit que celles qu'on néglige lorsqu'il s'agit « des pièces lisses. »

La trajectoire des canons prussiens est bien plus tendue que celle des nôtres. La justesse du tir est véritablement surprenante. Roerdansz ne donne pas les écarts moyens latéraux, dont la considération lui paraît peu importante, parce que « les buts ont en général une étendue « en largeur telle que les déviations latérales ne peuvent « que rarement exercer une influence notable sur les « résultats ». Les écarts moyens verticaux sont bien inférieurs à ceux donnés pour notre canon de 4 par l'*Aide-mémoire de campagne;* ils sont plus petits même que ceux donnés par le major Terssen (1) pour le canon de 4 belge, en acier fondu, et se chargeant par la culasse, que nous croyons analogue au canon prussien, et dont la justesse de tir est très-vantée. Voici, pour qu'on fasse la comparaison, les valeurs de ces écarts pour ces deux dernières pièces :

PORTÉE.	ÉCART MOYEN VERTICAL	
	CANON DE 4 FRANÇAIS.	CANON DE 4 BELGE.
400^m	0^m 17	0^m 15
600	0 57	. .
1000	1 45	. ..
1200	2 00	0 96
1500	3 10	. ..
1800	4 50	. ..
3000	13 60	3 92

Canons américains, système Parrott (2). — Ce système comprend 2 pièces de campagne, qui étaient en

(1) *Revue de technologie,* tome IV.
(2) *Revue de technologie,* 1864.

service en 1863 : la pièce de 10 pour les batteries divisionnaires, la pièce de 20 pour les batteries de réserve.

Ces canons sont en fonte (1) ; la partie postérieure est entourée d'un manchon en fer forgé. Ils se chargent par la bouche.

Canon de 10 — diamètre de l'âme, $0^m 076$ — 3 rayures à inclinaison progressive — poids du canon, 404^k — Ce canon lance un projectile plein pesant $4^k 760$ et un obus pesant $4^k 420$; la charge pour le tir de plein fouet est $0^k 453$. Les projectiles sont en fonte et portent à leur partie postérieure un anneau expansif en tôle de fer, au moyen duquel ils prennent les rayures.

Nous ne savons rien sur le tir.

Le canon de 20 pèse 794^k et lance un projectile plein pesant $8^k 850$ et un obus pesant $8^k 500$.

Canons russes. — L'artillerie russe a commencé par adopter, en 1859, comme pièce de campagne, un canon rayé de 4 en bronze, peu différent du nôtre, et qui, d'après les documents donnés par le colonel Maiewsky (2), de l'artillerie russe, tirait à peu près comme notre canon de 4.

Voici, d'après l'*Aide-mémoire* russe de 1862 (3), quelques données relatives à ce canon.

Diamètre de l'âme, $0^m 0868$ — 6 rayures tournant de gauche à droite ; pas constant, $3^m 454$ — poids du canon, 295^k.

---

(1) La Norwége a adopté, en 1864, des canons de campagne entièrement en fonte, se chargeant par la bouche.

(2) *Revue de technologie*, 1863.

(3) Cité dans le Cours d'artillerie de l'École d'application de Metz.

Poids de l'obus ordinaire chargé, 4^k 780 — charge pour le tir de plein fouet de cet obus, 0^k 614.

Plus tard, après de nombreux essais sur différents systèmes, l'artillerie russe s'est décidée, en le modifiant un peu, pour le canon rayé prussien en acier fondu.

Canons suisses. — L'artillerie suisse, qui avait adopté, en 1861 ou 1862, des canons rayés de campagne, système Müller, en bronze, se chargeant par la bouche, vient aussi de les remplacer par des canons en acier fondu, analogues aux canons prussiens.

Conclusion. — Nous avons comparé d'abord notre canon de 4 aux pièces lisses de bataille qui l'ont précédé. L'obus de 4 produit sur les buts qu'il atteint des effets semblables à ceux que produisaient les boulets et les obus des canons lisses. Il y a avantage sous le rapport de l'uniformité de l'approvisionnement, et le tir est bien plus juste aux grandes distances. L'obus à balles de 4 a une efficacité à peu près aussi grande et peut être lancé utilement à des distances bien plus considérables que celui du canon-obusier.

Pour le tir en ricochant, le canon rayé a probablement un léger désavantage; son infériorité véritable est dans le tir à mitraille, dont la bonne portée est diminuée d'au moins 100 à 150^m.

Bien des raisons militent en faveur de notre système d'artillerie comparé à l'ancien. C'est surtout au point de vue des effets du tir qu'on a critiqué notre canon divisionnaire. Des officiers d'une grande expérience pensent qu'on aurait tort de renoncer complétement aux pièces lisses. Dans une relation de la campagne de 1866, par le général Rustow, insérée au tome VI de la *Revue de technologie*, nous lisons : « A la suite de la guerre des États-« Unis, les artilleurs américains étaient d'avis que les « pièces lisses ne devaient pas être complétement exclues « du matériel d'artillerie de campagne. » En nous restreignant même à la seule considération des effets du tir, il nous semble qu'on s'est exagéré les inconvénients des canons rayés et les avantages des anciens.

Le vrai défaut de notre canon, c'est d'éprouver trop vite des dégradations qui nuisent gravement au tir.

Voulant tirer un projectile lourd avec une vitesse suffisante, on a eu forcément une grande tension maxima des gaz. Voulant avoir un canon qui se charge par la bouche, on n'a pas évité les chocs et les pressions considérables du projectile contre les rayures.

Pourquoi donc alors, si le bronze est trop mou pour résister à l'effort des gaz et aux pressions des ailettes, n'employons-nous pas un autre métal pour nos bouches à feu? Pourquoi, si du chargement par la bouche résultent des chocs et des ballottements du projectile dans l'âme, n'adoptons-nous pas un chargement par la culasse? Essayons de trouver une réponse à ces deux questions.

Et d'abord, par quoi remplacerions-nous le bronze? Nous n'avons pas, comme la Norwége, d'assez bonne fonte pour songer à en faire des canons de campagne. Le fer forgé n'est à peu près employé par personne, au moins à l'intérieur des bouches à feu : par exemple, la matière du tube intérieur des canons Whitworth n'est pas du fer forgé, c'est une espèce de métal intermédiaire entre le fer forgé et l'acier fondu, et les canons Whitworth de petit calibre sont entièrement faits de ce métal. Reste l'acier fondu, adopté aujourd'hui par l'Angleterre, la Prusse, la Russie. Si nous n'avons pas choisi ce métal pour nos canons, c'est probablement par raison d'économie, mais surtout parce que l'acier fondu que nous aurions à notre disposition ne nous a pas semblé jusqu'à ce jour présenter de suffisantes garanties contre l'éclatement. On a expérimenté, dans ces derniers temps, des canons en bronze doublés intérieurement d'acier fondu ; nous ne croyons pas qu'on ait obtenu de résultats entièrement satisfaisants.

Quant au chargement par la culasse, il n'a jamais été appliqué, à notre connaissance, à des pièces en bronze, et, d'ailleurs, on regarde chez nous les mécanismes inventés comme trop compliqués et trop délicats pour des pièces de campagne. Ce chargement nécessite des projectiles d'une fabrication coûteuse et d'une conservation difficile. Nous lisons, en effet, dans la notice du capitaine Roerdansz : « Le manteau de plomb du projectile étant « susceptible de se dégrader facilement, le chargement « du coffre à munitions demande des soins tout particu- « liers, et la position des projectiles est assurée par des « vis de pression. »

Enfin, l'expérience du canon Armstrong en Chine, du canon prussien pendant la guerre d'Allemagne, montre que ces mécanismes, confiés à des mains souvent maladroites, n'offrent pas toute la sécurité désirable.

On a dit qu'une pièce se chargeant par la culasse a besoin de moins de servants. Il faut toujours qu'il y ait assez d'hommes pour ôter aisément la pièce de l'avant-train et l'y remettre. Six ne sont pas trop, lorsque quelques-uns peuvent venir à manquer.

On a parlé aussi d'une plus grande rapidité d'exécution du tir. Une rapidité plus grande que celle que nous obtenons ne serait guère à désirer que pour le cas du tir à mitraille. Ceci ne dépend pas seulement du chargement, mais encore du pointage, du recul, de la facilité de mise en batterie. La pièce de 4 prussienne, par exemple, ne paraît pas avoir une supériorité marquée sur la nôtre. Pour tirer 25 coups en pointant, il a fallu, dans des expériences que cite Roerdansz, 11 minutes; pour en faire autant avec notre canon de 4, il faut, d'après l'*Aide-mémoire de campagne*, 12 minutes 5 secondes.

L'avantage des canons se chargeant par la culasse, c'est d'avoir un meilleur tir. Nous avons vu que pour le canon Armstrong et le canon prussien la trajectoire est plus tendue que pour le canon français et le canon autrichien, et que la justesse du canon prussien est bien supérieure à celle des deux derniers. On pense sans doute, en France, que ces qualités du tir ne compensent pas complétement les inconvénients du système. La tension de la trajectoire est certainement très-avantageuse. La justesse du tir l'est aussi; mais il ne faudrait pas se faire d'illusions et croire que, dans la pratique, cette justesse dépasse jamais certaines limites. Par exemple, on a pu, dans un tir d'expérience avec le canon de 6 prussien, n'avoir qu'un écart moyen vertical de 0^m45 à 1000^m; mais, même dans un tir de polygone, les canonniers doivent être bien loin d'arriver à cette précision. Du moment où les écarts dans un tir d'expérience deviennent plus petits que ceux que produiraient seules, indépendamment de toutes les autres causes qui influent sur le tir, les erreurs habituelles de pointage et les variations de chargement provenant des hommes, on peut presque dire que la pièce a un tir plus précis qu'il n'est nécessaire.

Tout en chargeant par la bouche, les Autrichiens ont résolu le problème d'amener le projectile, par le chargement, à la position qu'il garde dans le tir. Ils ont, par conséquent, évité les chocs, mais au prix de quels sacrifices! Au lieu de nos projectiles d'une fabrication si simple, ils ont des obus entourés d'un manteau en métal mou, d'une forme compliquée, et munis à leur partie antérieure de deux mentonnets; le refouloir est disposé pour saisir ces mentonnets, et quand on a amené le projectile près de la charge, il faut encore le faire tourner de gauche à droite avec le refouloir.

— Dans cette étude, forcément très-incomplète, nous avons laissé de côté la question des fusées, si importante cependant, surtout pour le tir des shrapnels. Nous connaissons très-mal les fusées étrangères, et cette question difficile est encore l'objet d'études actuelles dans l'artillerie de la plupart des puissances.

Nous avons très-peu parlé de notre canon de 12 rayé de campagne. C'est que nous avons voulu étudier particulièrement la pièce des batteries divisionnaires, et, d'ailleurs, nous ne voyons aucun canon de campagne, soit parmi les anciens canons lisses, soit parmi les canons rayés étrangers qui lance un projectile dont le poids approche de celui de l'obus oblong de 12 ($11^k 500$). Au temps de l'artillerie lisse, on n'avait pas senti le besoin d'avoir des projectiles de campagne pesant plus de 6^k. Les plus lourds obus de campagne étrangers que nous connaissions pèsent 7 ou 8^k. On n'a sans doute adopté chez nous le canon de 12 que pour utiliser, en les rayant, des bouches à feu existantes. On comprend la difficulté d'approvisionner suffisamment un pareil canon. Aussi, pensons-nous qu'on ferait bien d'expérimenter une pièce nouvelle lançant un projectile de 7 ou 8^k, afin de pouvoir reléguer loin des champs de bataille ce gros mangeur de munitions.

II

L'AFFUT, LES VOITURES, L'ATTELAGE

———

Notre matériel de campagne a, dans l'ensemble et dans les détails, une grande ressemblance de formes avec celui qui servait aux canons lisses.

L'affût et l'avant-train. — Nous avons adopté depuis quarante ans l'affût anglais ou affût à flèche, au lieu de l'affût à flasques que nous avions auparavant. L'affût à flèche ne paraît pas avoir d'avantage sur celui à flasques pour la manœuvre ni pour le tir. Si nous l'avons adopté, c'est qu'avec le mode de réunion de l'affût à l'avant-train que nous empruntions aux Anglais, et qui donne aux deux trains une indépendance remarquable, la conservation des flasques aurait augmenté le tournant minimum de la voiture. Il ne semble pas du reste que, pour la manœuvre et pour le tir, l'affût à flèche ait quelque infériorité marquée relativement à l'affût à flasques; si ce n'est qu'il est un peu moins résistant, et aussi qu'il se prête un peu moins bien aux manœuvres à la prolonge, à cause de la forme et du peu de largeur de sa crosse. Ces manœuvres étaient fort employées pendant les guerres de l'Empire; les mouvements, pour remettre la pièce sur l'avant-train et pour l'ôter, étaient alors plus pénibles et plus lents qu'aujourd'hui, même quand on négligeait de changer la pièce d'encastrement. Nous avons conservé la prolonge; nous ne savons pas si les étrangers en ont fait autant : mais nous ne croyons pas qu'on s'en soit servi dans les dernières guerres.

L'attelage est à timon et à support. Les deux trains ne sont absolument reliés que par le crochet-cheville-ouvrière; le timon n'étant pas maintenu, il faut que les chevaux de derrière le portent. C'est à quoi servent les branches de support. On ne peut pas faire tirer les chevaux de devant sur une volée mobile accrochée au bout du timon; car les chevaux de derrière porteraient cette volée, et ressentiraient d'une manière pénible dans les terrains accidentés l'effort exercé par les chevaux de devant. On fait donc tirer les chevaux de devant sur les traits de ceux de derrière.

Ce mode d'attelage sacrifie un peu les chevaux à l'avantage de l'indépendance des trains. Les branches de support sont peu solides et sujettes à se fausser; elles ont été fort critiquées au moment de l'adoption (1). Bien que notre matériel ait subi maintes fois, sans trop d'inconvé-

(1) Voir au *Journal des armes spéciales*, 1835, un article du colonel d'artillerie Tardy de Mont-Ravel.

nients, l'épreuve de la guerre, on s'accorde à reconnaître que notre système d'attelage est très-loin de la perfection.

Les Prussiens, les Autrichiens, les Russes ont un affût à flasques, qui se réunit à l'avant-train au moyen d'une cheville-ouvrière placée au-dessus et assez en arrière de l'essieu pour que le timon soit maintenu. Les chevaux qui précèdent ceux de derrière peuvent alors être attelés à une volée mobile (attelage à l'allemande).

On tient chez nous à ce que la réunion des deux trains ait lieu assez bas pour que les mouvements d'ôter et de remettre l'avant-train soient très-faciles, et à ce que l'indépendance des trains soit complète, pour que la voiture se plie aux terrains les plus accidentés. Peut-être y aurait-il moyen, sans déplacer le point de réunion et sans trop compromettre l'indépendance, de faire en sorte que le timon soit à peu près maintenu par l'affût, et que les chevaux de derrière n'aient pas à le porter complétement.

Un de nos amis nous a parlé de la manière dont la réunion des deux trains s'opérait dans l'artillerie de campagne napolitaine. Il a pu en juger récemment par ses propres yeux d'après quelques pièces de cette artillerie qui sont en service dans l'armée pontificale, et nous devons à son obligeance les renseignements qui suivent :

Le crochet-cheville-ouvrière est placé comme chez nous. A l'arrière de l'avant-train est une pièce de contre-appui ; c'est un arc horizontal, en fer rond de 30^{mm} environ de diamètre, ayant pour centre la projection du crochet-cheville-ouvrière sur le plan de l'arc. Les deux bouts de cet arc sont solidement fixés aux extrémités des armons. D'autre part, le petit anneau de pointage, placé comme celui de notre affût, se termine à la partie supérieure par un prolongement à crochet, en fer rond, qui s'élève de 25 centimètres environ au-dessus de la flèche, et dont le bec, recourbé du côté de la crosse, vient s'accrocher à l'arc en fer de l'avant-train quand on fait tomber la lunette sur le crochet-cheville-ouvrière. Les deux trains ont encore une certaine indépendance, et le timon est assez bien maintenu pour qu'on puisse placer au bout une volée mobile.

Il serait facile d'adapter un semblable système à notre affût de 4 tel qu'il est, et on a vérifié que cela ne gênerait pas le tournant, comme on l'aurait pu craindre. Mais il n'en serait pas de même pour notre caisson; si l'avant-train portait un arc en fer comme celui qui vient d'être décrit, le dessus de la flèche rencontrerait cet arc quand on voudrait réunir les deux trains, et il ne serait pas possible de faire arriver la lunette sur le crochet-cheville-ouvrière. Dans le caisson napolitain, la flèche est cintrée, et la réunion peut s'opérer comme pour l'affût.

Le tableau suivant indique, pour notre artillerie ancienne et actuelle, et pour quelques pièces étrangères, quel approvisionnement emporte avec elle la pièce attelée, et quel poids traîne chaque cheval.

On a pris pour le poids d'un servant 73^k. — La pièce de 8 autrichienne transporte deux servants sur le coffret d'affût, la pièce de 4 en transporte un. Dans la pièce de 4 prussienne, deux servants montent sur deux siéges placés au-dessus de l'essieu, entre les flasques et les roues. — La batterie de 4 autrichienne est attelée à six chevaux lorsqu'elle est attachée à la cavalerie; à quatre lorsqu'elle est attachée à l'infanterie : dans ce dernier cas, les servants ne montent qu'exceptionnellement pour les mouvements rapides.

	NOMBRE DE COUPS		POIDS DE L'AFFUT avec bouche à feu et avant-train chargé.	NOMBRE de Chevaux.	CHARGE par Cheval.	NOMBRE des servants transportés avec la pièce.	POIDS TOTAL avec les servants.	CHARGE par Cheval.
	dans le coffre d'avant-train	dans le coffret d'affût.						
Canon de 12....	23	»	2162^k	6	360^k	»	»	»
Canon de 8.............	32	»	1806	6	301	3	2025^k	337^k
Canon-obusier de 12.....	26	»	1848	6	308	3	2067	345
Canon de 4 rayé........	32	4	1272	4	318	2	1418	354
Canon de 12 rayé........	18	»	1937	6	323	3	2156	359
Canon rayé de 8 autrichien.	30	4	1726	6	288	5	2091	349
— de 4 id....	36	4	1201	6	200	4	1493	249
				4	300	»	»	»
— de 4 prussien...	48	1	1405	6	234	5	1770	295

Migout et Bergery (1), partant de ce principe que « les
« chevaux de trait de l'artillerie à cheval, qui appuie
« sans cesse les mouvements de la cavalerie, doivent ne
« pas éprouver plus de fatigue que les chevaux des esca-
« drons », arrivent à demander que le poids de la voiture,
réparti entre les chevaux, ne donne pas plus de 330^k à
chacun. Ils admettent sans doute que, pour les batteries
destinées à agir avec l'infanterie, la limite serait un peu
plus grande Le poids qu'il convient d'assigner à chaque
cheval varie avec la forme et la construction de la voiture, avec le système d'attelage, et aussi avec le nombre
des chevaux. Par exemple, nos voitures ont la même
roue à l'avant-train et à l'arrière-train, le tirage est plus
facile que si les roues d'avant-train étaient plus petites.
Toutes choses égales d'ailleurs, la charge par cheval peut
être un peu plus forte pour un attelage à quatre que pour
un attelage à six, à cause de la gêne plus grande qu'é-
prouvent les chevaux quand ils sont attelés en file en
plus grand nombre, et de la perte d'efforts qui s'ensuit.

Pour notre pièce de 4, la charge par cheval est, à peu
de chose près, la même que pour le canon-obusier ; elle
deviendra notablement supérieure si, comme il en est
question, on met 40 coups dans le coffre. Le poids de ce
coffre sera augmenté d'environ 35^k, et la charge par
cheval sera 327^k sans les servants, 363^k avec les servants
montés.

Quand on a fait notre nouveau matériel, on a voulu le
mobiliser en allégeant les voitures et diminuant le nombre
des chevaux. Maintenant, pour que la pièce se suffise plus

(1) *Théorie des affûts et des voitures d'artillerie*, 2e édit., p. 19.

longtemps sans le secours du caisson, et qu'il soit nécessaire d'exposer moins de voitures en première ligne le
jour d'une bataille, on voudrait augmenter l'approvisionnement de l'avant-train. Il est difficile de satisfaire à la
fois aux deux conditions. La charge par cheval est déjà
forte quand les servants sont montés. A cause de l'ac-
croissement qui résulte de la modification proposée, nous
pensons que, si on y tient, on pourrait la restreindre aux
batteries à cheval, qui ne transportent pas d'hommes
sur les voitures. Cette modification n'aurait pas pour les
batteries montées un avantage bien frappant, car, dans
les mouvements rapides, il faut bien amener les servants ;
on n'en peut placer que deux sur l'avant-train de 4, trois
au plus en les gênant beaucoup, et c'est bien peu pour
mettre en batterie et commencer le feu.

Les Prussiens et les Autrichiens ont des voitures dont
les roues d'avant-train sont plus basses que celles de l'affût ; les deux trains sont moins indépendants que chez
nous, à cause du contact qui a lieu à la réunion, et les
voitures doivent être moins mobiles sur un terrain accidenté ; mais le mode d'attelage fatigue moins les chevaux,
la charge par cheval est moindre, et, dans les marches
ordinaires, les attelages doivent mieux se conserver.

Nos voisins ont été frappés de la mobilité de nos pièces
en Italie. Roerdansz dit : « L'armée française se présenta
« sur les champs de bataille de l'Italie traînant une pièce
« qui résolvait le problème dont on cherchait la solution
« depuis si longtemps ; une pièce légère rayée de cam-
« pagne, dont la puissance était au moins égale à celle
« des anciennes pièces de 12, et qui, attelée de quatre
« chevaux seulement, pouvait se mouvoir avec rapidité

« sur tous les terrains. » Mais nos voisins ont aimé mieux atteler à six chevaux, ménager leurs attelages et avoir des coffres mieux garnis. La pièce de 4 autrichienne, transportant avec elle quarante coups et quatre servants, et surtout la pièce prussienne, transportant quarante-neuf coups et cinq servants, peuvent se suffire assez longtemps sans les caissons, et la batterie n'a souvent besoin d'exposer au feu en première ligne que ses affûts et ses avant-trains.

Une petite modification que chez nous beaucoup d'officiers d'artillerie regardent comme utile serait de faire porter au sous-verge une partie du fardeau du porteur, c'est-à-dire le paquetage. On pourrait aussi, afin de soulager les porteurs, choisir pour conducteurs des hommes moins grands qu'on ne fait habituellement. Le conducteur de derrière a la jambe hors montoir d'autant plus gênée par les oscillations du timon qu'il est plus grand. Autrefois il fallait des hommes ayant de la taille pour mettre le collier ; depuis qu'on a adopté la bricole, un homme même petit peut garnir assez aisément.

Le caisson. — Le caisson doit jouir de la même mobilité que la pièce, puisque jusqu'à présent, au moins dans notre artillerie, il doit pouvoir la suivre partout. Nous donnons l'approvisionnement et le poids des caissons pour différentes pièces.

	NOMBRE de COUPS.	POIDS de la voiture chargée.	NOMBRE de CHEVAUX.	CHARGE par CHEVAL.	NOMBRE des servants transportés avec le caisson.	POIDS TOTAL avec les servants.	CHARGE par CHEVAL.
Caisson pour canon de 12.................	69	1727k	6	288k	5	2092k	349k
— pour canon de 8.................	96	1685	6	281	5	2050	342
— pour canon-obusier de 12..........	78	1691	6	282	5	2056	343
— pour canon de 4 rayé.............	96	1310	4	328	4	1602	400
— pour canon de 12 rayé.............	54	1844	6	307	5	2209	368
Caisson pour canon rayé de 8 autrichien....	94	»	6	»	3	»	»
— pour canon rayé de 4 id.......	116	»	6	»	2	»	»
			4	»	»	»	»
Caisson pour canon rayé de 4 prussien......	104	»	6	»	1 probablement.	»	»

On voit que notre caisson des batteries de 4 est déjà trop lourd, surtout pour les batteries montées. Si l'on mettait 40 coups dans chaque coffre, on l'alourdirait encore d'environ 105^k, la charge par cheval deviendrait 354^k sans les servants ; avec les servants montés, elle atteindrait le nombre excessif de 427^k.

Nous ne dirons rien des autres voitures de batterie, qui suivent la pièce dans les marches, mais se tiennent un peu à l'écart sur le champ de bataille.

III

LA BATTERIE DE CAMPAGNE

Avant l'adoption du matériel 1827, notre artillerie de campagne se divisait en artillerie à pied et artillerie à cheval. C'est après cette transformation qu'on a pu faire monter les servants sur les coffres : on avait fait depuis longtemps des essais pour les transporter, à l'exemple de ce qui se pratiquait en Autriche, sur des caissons adaptés à cet usage et qu'on appelait *Wursts*. Nous avons maintenant deux espèces de batteries de campagne :

1° La batterie montée, destinée à marcher avec l'infanterie. Les servants, pour les mouvements rapides, montent sur les coffres de la pièce et du caisson ;

2° La batterie à cheval, destinée à agir avec la cavalerie. Les servants sont à cheval, et mettent pied à terre pour la mise en batterie et le feu.

La batterie à cheval a certainement, au moins pour les

marches et pour les mouvements tactiques d'une grande étendue, une mobilité supérieure à celle de la batterie montée, et celle-ci ne pourrait pas la remplacer pour tous les cas. Mais elle est plus coûteuse, elle exige des hommes parfaitement instruits, à cause de l'embarras qu'apporte dans les manœuvres la présence des pelotons de chevaux ; enfin elle a un inconvénient que Decker, officier dans l'artillerie prussienne pendant les guerres de l'Empire, a très bien présenté (1) :

« L'intervalle de temps qui sépare le moment où l'ordre
« est donné d'ôter l'avant-train et celui où on tire le pre-
« mier coup de canon, est l'instant le plus critique pour
« l'artillerie ; on doit donc le réduire autant que possible,
« et on ne peut nier qu'il ne soit beaucoup moins consi-
« dérable pour l'artillerie à pied que pour l'artillerie à
« cheval. »

Il n'y a pas d'artillerie à cheval en Autriche. Les batteries de 4, attachées à l'infanterie, sont attelées à quatre chevaux ; celles attachées à la cavalerie sont attelées à six, ce qui permet de transporter habituellement les servants sur les coffres.

Notre batterie, montée ou à cheval, comprend deux parties :

1° La batterie de combat proprement dite, en temps de paix la batterie de manœuvre : 6 pièces et 6 caissons.

2° La réserve, qui suit la batterie de combat dans les marches et se tient un peu à l'écart sur le champ de bataille. Jusqu'à ces derniers temps, elle était ainsi composée :

______

(1) *Traité d'artillerie*, p. 275.

	BATTERIE montée de 4.	BATTERIE à cheval de 4.
Caissons à munitions d'artillerie........	6	6
Affûts de rechange...................	2	2
Caissons à munitions d'infanterie......	6	2
Chariots de batterie.................	2	2
Forges............................	2	2

Il est question de débarrasser nos batteries de campagne de l'impedimentum des munitions d'infanterie, et de laisser à cette arme le soin de transporter, au moyen de voitures particulières, ses munitions sur le champ de bataille.

On a proposé plusieurs fois et on propose encore de modifier la batterie de campagne quant au nombre de ses éléments essentiels, les pièces. Les uns voudraient une batterie de 4 pièces, qui formerait un ensemble plus maniable, et qui donnerait une moindre tâche au commandant de batterie, seul responsable d'un personnel et d'un matériel précieux et considérables. D'autres préconisent la batterie de 8 pièces; mais, dans le même ordre d'idées que les précédents, ils la conçoivent en général divisée en deux demi-batteries.

La batterie de campagne est de 6 pièces en Prusse et en Angleterre, de 8 en Russie et en Autriche.

NOTE

—

Nous croyons devoir indiquer d'où viennent les nombres inscrits dans nos tableaux.

Pour nos canons rayés, l'*Aide-mémoire de campagne* donne des tables de tir très-complètes. Nous y avons pris tous les nombres relatifs au canon rayé de 4. Nous n'avons eu à calculer que les longueurs battues.

L'*Aide-mémoire* de 1856 donne les hausses de nos canons lisses pour les portées de 100 en 100 mètres, ce qui revient à la donnée des angles de tir.

Pour le canon Armstrong de 12, nous avons pu connaître les angles de tir diminués de celui qui correspond à la portée de but en blanc 302^m, et les durées du trajet. La notice du capitaine Müller renferme les tables de tir du canon autrichien assez complètes; l'angle de chute ne s'y trouve pas, mais seulement la longueur battue pour un but haut de 6 pieds autrichiens (1^m 896).

Le capitaine Roerdansz nous a fourni les angles de tir et les angles de chute du canon de 4 prussien jusqu'à 1800^m, et les écarts moyens verticaux du canon de 6. Pour cette dernière pièce, nous avons trouvé, dans l'ouvrage de M. Prehn, les angles de tir et les durées des trajets.

Les données que nous avons eues sur le tir des pièces étrangères ne correspondent pas à des portées espacées de 100 en 100 mètres. Celles que nous leur avons substituées pour faciliter la comparaison ont été obtenues par interpolation graphique.

Calcul de l'angle de chute. — Après avoir déterminé les angles de tir pour les portées de 100 en 100 mètres, et vérifié la continuité des valeurs déterminées, nous avons calculé les angles de chute de deux manières :

1° Au moyen de la formule employée pour l'*Aide-mémoire de campagne.*

Cherchons l'angle de chute θ pour la portée P. Soit φ l'angle de tir pour cette portée, φ' pour la portée P — 100 et φ'' pour P + 100. On a

$$\theta = \varphi'' - \varphi + \gamma$$

$$\text{et } tg\ \gamma = \frac{(P - 100)\ sin\ (\varphi'' - \varphi')}{P + 100 - (P - 100)\ cos\ (\varphi'' - \varphi')}$$

On peut se borner souvent à prendre

$$tg\ \gamma = \frac{P - 100}{200}\ sin\ (\varphi'' - \varphi')$$

2° En considérant la partie de la trajectoire voisine du point de chute comme un arc de parabole.

Représentons-nous la trajectoire qui correspond à la portée P ; soit A l'origine, B le point de chute, M le point de cette trajectoire qui est à P — 100 mètres de la pièce. Nous remplaçons l'arc MB de la trajectoire par un arc de la parabole qui passe par les points A, M et B, et dont l'axe est perpendiculaire au milieu de AB.

Abaissons du point M une perpendiculaire MQ sur AB, soit MQ = f et QB = b : on a

$$tg\ \theta = \frac{P\ f}{b\ (P - b)}$$

$$\text{Or } f = (P - 100)\, sin\, (\varphi - \varphi')$$

$$\text{Et } b = P - (P - 100)\, cos\, (\varphi - \varphi')$$

$$\text{Donc } tg\, \theta = \frac{P\; tg\, (\varphi - \varphi')}{P - (P - 100)\, cos\, (\varphi - \varphi')}$$

Il suffit souvent de prendre

$$tg\, \theta = \frac{P}{100}\; tg\, (\varphi - \varphi')$$

— Cette deuxième formule donne en général des valeurs trop faibles, et la première des valeurs un peu trop fortes Les différences sont assez petites : après avoir rectifié légèrement nos résultats en nous laissant guider par la continuité, nous n'en avons pas trouvé de supérieures à 20'; souvent la différence a été nulle ou presque nulle.

Des valeurs que nous ont fournies ces formules nous avons déduit celles que nous donnons pour les canons lisses, pour le canon Armstrong et pour le canon autrichien. Pour ce dernier, elles s'accordent assez bien avec les longueurs battues de Müller. Nous avons aussi vérifié les angles de chute du canon prussien donnés par Roerdansz.

Calcul de la longueur battue. - Nous avons calculé la longueur battue en considérant comme un arc de parabole l'arc de trajectoire compris entre le sommet de la cible et le point de chute. Soit c la hauteur de la cible, l la longueur battue pour la portée P.

$$l = \frac{P}{2} - \sqrt{P \left(\frac{P}{4} - \frac{c}{tg\, \theta} \right)}$$

Quand θ est égal ou supérieur à 5°, on peut prendre simplement

$$l = \frac{c}{tg\, \theta}$$

Calcul de la flèche maxima. — Cherchons par exemple la flèche maxima, c'est-à-dire la plus grande hauteur au-dessus de la ligne

de mire, de la trajectoire pour 1000^m. La hauteur du point situé
à 500^m de la pièce est 500 sin ($\varphi - \varphi'$), φ étant l'angle de tir
pour 1000^m et φ' pour 500^m. La hauteur du point situé à 600^m est
600 sin ($\varphi - \varphi''$), φ'' étant l'angle de tir pour 600^m. On peut calculer ainsi de 100 en 100 mètres, et même, en interpolant, de 50
en 50, la hauteur des différents points de la trajectoire au-dessus
de la ligne de mire, et on voit quelle est la plus grande.

Calcul de l'écart vertical en fonction de l'écart en portée. — Pour
le canon autrichien, nous avons déduit l'écart moyen vertical de
l'écart moyen en portée, en assimilant toujours l'extrémité de la
trajectoire à un arc de parabole. Soit e l'écart moyen en portée pour
la portée P; e' l'écart moyen vertical; θ' l'angle de chute pour la
portée P $+$ e, lequel nous obtenons approximativement en interpolant entre les valeurs de θ calculées : on a

$$e' = \frac{P}{P + e} \; e \; tg \; \theta'$$

Remarque. — Les nombres que nous avons calculés sont donnés
tels qu'ils ont été obtenus; nous ne les avons pas arrondis comme
on a fait pour ceux donnés par l'*Aide-mémoire de campagne*. Il n'en
résulte pas du tout que nous croyions par exemple les valeurs des
angles exactes à 1' près. Si nous avons fait ainsi, ç'a été seulement
pour ne pas altérer la continuité des valeurs successives.

TABLE

—

Pages.

Introduction.. 5

I. Le canon de bataille................................. 7

II. L'affût, les voitures, l'attelage........................... 38

III. La batterie de campagne........................... 48

Note.. 51

Évreux, A. Hérissey, imp. — 268.

148